आशाए - काव्याश

आशाए - काव्यांश

डॉ पायल संजय चौधरी

यह किताब मेरे आई-बाबा को समर्पित है जिनके आशीर्वाद के बिना मैं किसी की कार्य की कल्पना मात्र तक नहीं कर सकती |

क्रम-सूची

क्रम-सूची

क्रम-सूची

प्रस्तावना

हाल ही मैं जब मुझे इस पुस्तक की प्रस्तावना के लिए आमंत्रित किया गया तो मेरा खुश होना लाज़मी था | मानो जैसे मुझसे कोई प्रश्न किया गया हो जिसके उत्तर का मुझे ठीक-ठीक अनुमान है |

पायल जी एक अरसे से लिख रही है और यह उनकी उपलब्धि ही कही जा सकती है कि उनकी तीसरी किताब आज आपके हाथों में है | यह किताब पहले आई किताबों से कुछ खास इसलिए भी है क्योंकि यह लेखिका के विचारों की विविधता को अच्छे से दर्शाती है |

आज के समाज , शहरी जीवन , स्त्री जीवन , प्रेम , कल्पना , प्रेरणा , कुरीतियों पर कटाक्ष , व्यक्तिगत अनुभवों से ज़िंदगी के रसों को टटोलना हो या कोई अन्य विषय लेखन सीधे मन को छूता है |

लेखन सरल और सहज भाषा में किया गया है | इसी कारण यह किताब नए लिखने वालों को विशेष रूप से प्रेरित करती है | साथ ही मराठी ज़ुबान रखने के बावजूद पायल जी हिंदी में भी अच्छी पकड़ रखती है |

इस सफर में निरंतर बढ़ते रहने के लिए पायल जी को बहुत-बहुत शुभकामनाएं | उम्मीद है सभी पाठकों की ओर से भी उनकी इस किताब को समान रूप से प्यार मिलेगा |

- आशीष शर्मा

भूमिका

डॉक्टर पायल संजय चौधरी पेशे से एक चिकित्सक है। साथ ही उन्हें कविताएं करने में विशेष रूचि है। उन केलेखन यात्रा का सफर तो बचपन में ही शुरू हुआ जब वे पांचवी कक्षा में गए। पर बाद में अपने पढ़ाई के चलते ज्यादा वक्त नहीं दे पाए। कभीकबार शौक से एक दो कविताएं लिख लेते थे।लेकिन २०२१के कोरोना महामारी के चलते वे घर पर थे और इस समय

का लाभ उठाने के लिए उन्होंने अपनी लेखन यात्रा को पुनः प्रारंभ किया।और देखते ही देखते योर कोट एप पर अपने ४०००कोट पूरे कीये। मराठी के साथ ही उन्होंने अंग्रेजी, हिंदी तथा हिंग्लिश में भी लिखना आरंभ किया। उन्होंने अपनी दो किताबे भी पब्लिश करवाई और अपने लगन से उन्होंने इंडियन फिल्म हाउस का यंगेस्ट पोएट का किताब भी पा लिया। तथा उन्हें हर का हुनर अवार्ड से भी नवाजा गया।

पावती (स्वीकृति)

सबसे पहले मैं अपने इष्ट देवता को नमस्कार और शुक्रिया अदा करना चाहूंगी, जिन्होंने मुझे लिखने के हुनर दिया।

मैं तो कभी कभी शौक से कुछ कविताएं, कहानियां ,गजले लिख लेती थी, लेकिन अब तो मानो यह हमारी आदत बन गई।

मेरे माता पिता और पुरे परिवार ने मेरे हर फैसले में मेरा साथ दिया, प्यारे दोस्तो से भी काफी सहायता मिली। इस लेखनी के दौर में काफी उतार चढ़ाव आए पर परिवार और प्रियजनों के प्यार ,आशीर्वाद और उनसे मिली प्रशंसा से हमने वो वक्त भी काट लिया। उनके स्नेह और तारीफ से मेरा हौसला दोगुणा हो गया।और देखते ही देखते मेरे योर कोट एप पर ४०००कोट्स पूरे हो गए। और २किताबे (सोल स्पार्क और शेड्स ऑफ द पोएटिक सोल)भी छप गई।

आमुख

आशाए किताब जो पायल चौधरी जी ने लिखा है वो एक कविता संग्रह है। पायल जी हमेशा कुछ ऐसा लिखती हैं जो दिल के खास हो और दिल को छु जाता हैं। उनकी कविताओं से हमे प्रेम, विश्वास, रिश्तों की मिठास ,दोस्ती ई. की झलक देखने मिलती है।

अनुक्रमणिका

अध्याय 1

देवी माँ

सुना सुना लागे मोहे सारा समा,
नाराज सी लग रही ये जमी,
और अधूरा है आसमान,
न जाने कैसी घड़ी आयी।
माँ अपने बच्चोंसे नहीं मिल पाई,
न जाने क्या पाप हुआ हमसे
जो हमारी माँ इस बरस नहीं आयी।
तेरे द्वार पे आये हम ,
पर तेरी शरण नहीं मिल पाई,
ऐसी भी क्या भूल हुई हमसे?
जो दूरिया बनाली तूने हमसे?
ऐसी भी क्या नौबत आयी?
जो तू अपने ही बच्चों से रूठ गई।

अध्याय2

मातृभाषा हिंदी

हिंदी तो भाषा हमारी है,
सबसे प्यारी बोली हमारी है,
करते है हम इसका चयन,
करते है हम इसका पढ़न,
बनते है इससे वचन,
करते है हम इसको ग्रहण,
जन्म से और जान से हिंदी है हम,
हिन्दुस्तान से पाकिस्तान तक,
अफ्रीका से कनाडा तक,
अमेरिका से फिजी तक,
इसकी गूंज है,
हिंदी तो हम सब की जान है,
विश्व में इसका चौथा नाम है,
हिंदी तो हम सब की शान है,
करते हम इसका दिल से सम्मान है

अध्याय3

स्त्री तेरी कहानी
आज भी वो घुंगट में रखी जाती है ,
रित रस्मो का नाम देकर सताई जाति है,
उसके रहन कि कितनी
आलोचना की जाती है।

सुंदर हो तो छेड़ी जाती है
बदसूरत हो तो धिक्कारी जाती है
अकेली औरत देख बलात्कारी जाती है,
उसकी इच्छाएं पल पल मारी जाती है।
पुरुष तंत्र में रहकर स्वतंत्र कहलाती है,
गुलाम बनकर जीती है,
फिर भी आज़ाद कहलाती है।

अध्याय4

कोरोना की कहानी
दुनिया कर रही थी मनमानी,
जी रही थी बिंदास जिंदगानी,
सर पर लोगो के छाई थी गुमानी,
मन में उनके रहती थी बेईमानी,
इंसान कमा रहा था कर के हरामि,
ताकि पा सके कीमत दोगुनी,
छोड़ दी थी अपनी संस्कृति ,
छोड़ दी अपनी वाणी,
खुदको समझकर ज्ञानी,
इंसान बन रहा था अज्ञानी,
नियतिने ने भी ठानी,
सुधारी जाए इंसानों की नादानी,
भेजदिया वायरस को बनाकर चेतावनी,
बदल गई इंसानों की आदतें पुरानी,
जो पीने पिलाने में खर्च करते थे आमदनी,
वह बचा बचा कर रख रहे है अठन्नी,
कोरोना तो है संजीवनी,
जन्मो तक याद रहेगी कोरोना की कहानी।

अध्याय5

लगन

नसों में मेरे है ऐसी लगन,
रोम - रोम मेरा होता है मगन।
मेहनत को मेरी,
सराहता है गगन।
देख कर कामयाबी मेरी,
ज़माना करता है जलन।
रात - दिन एक कर,
जुटाया है मैंने धन।
खुशियों से भर गया दिल,
और थकान भूल गया तन।
ऐ ख़ुदा संभाले रखना,
काफ़ी नाज़ुक है मन।
कह रही है मेरी कलम,
खिलता रहें पायल का उपवन।

अध्याय6

हमारे वायु रक्षक
फर्क होता हैं मुझे वायुसेना पर,
गर्व से ऊंचा उठता है सर।
आसमान ही है उनके लिए घर,
जो जानते ही नहीं क्या होता है डर।
देश के लिए करते है अपना सब कुछ न्योछावर,
देते है लक्ष पर ध्यान हर घड़ी हर पहर।
दुश्मन पे रहती है उनकी ऐसी नज़र,
जान लेते है पल पल की खबर।
चाहें वो रोषणाई या हो काला अंबर,
वह नहीं छोड़ते अपना डगर।

अध्याय7

संगीत

कितना मधुर लगता है संगीत,
सुनकर मन हो जाता सम्मोहित।
शांत हो जाता है मन,
चाहे कितना भी हो क्रोधित।
अच्छी लगती है हर धुन,
चाहें कितनी भी हो अपरिचित।
नया हो या हो पुराना,
हर गीत होता हैं ललीत।
जादूसा लगता है हर अल्फ़ाज़,
और याद आता है मनमीत।
आदत कहो या कहो लत,
पायल को संगीत लगता है अम्रीत।

अध्याय8

कच्चे मकान
गायब से हो गए हैं कच्चे मकान,
अब तो बस बदल रहे हैं इंसान।
क्या क्या करू मैं बख़ान,
इंसानियत आज बन रही हैवान।
हर कोई चाहता हैं सम्मान,
दिखलाकर अपनी झुठी सी शान।
मकान भी हो रहे हैं वीरान,
क्यों की लगाव भूल रही संतान।

अध्याय9

बेमौसम बारिश

नफ़रत है ख़ुदा तुझसे मुझे,
तेरी वजह से ये नौबत है आई,
तेरी भेजी बेमौसम बारिश ,
हमारी खुशियां छीन ले गई।
हमारी हरी भरी फसलें,
तूने एक दिन में जला दी,
हमारी फूलों-फलो से भरी बाग ,
तूने राख बनादी।
सारे संसार का पेट भरने वालों को,
तूने ऐसी सजा सुनाई,
अपने करतूतों पर खुदा,
तुझे लज्जा कैसे नहीं आई?
नहीं सुननी मुझे तुझसे,
कोई सफाई,
तू वफा के काबिल नहीं,
तुझे मैंने चाहा था ,पूजा था,
तूने बदले में दी सिर्फ बेवफाई।

अध्याय 10

पिता का प्यार

पिता का प्यार भगवान जैसा होता है

जो बच्चों की आँखों को कभी दिखता नहीं है,

पर हमेशा साथ होता है,

बच्चों के मन की बात बिन कहे जान जाते हैं,

बिन मांगे हर चीज दिलाते हैं।

पिता का प्यार गहरी काली रात में,

चाँद जैसा होता है,

जो न केवल उजाला देता है,

पर जिसको देख कर मन प्रसन्न होता है।

पिता का प्यार सूरज जैसा होता है,

ख़ुद तपकर ,

दुनिया को रोशनी देता है।

पिता का प्यार नारियल जैसा होता है,

बाहर से कठोर और अंदर से नरम होता है।

अध्याय 11

आशा

आशा तो है आत्मा की भाषा,
दूर करके निराशा,
देती है दिलासा,
जब जब जिंदगी फेंके गलत पासा,
आशा बचाती है बनने से तमाशा,
आशा जगाती है जिज्ञासा,
करती है दिल के भावों का खुलासा,
आशा से ही जन्म लेती है अभिलाषा,
आशा जगाती है विश्वास थोड़ा सा,
आशा की नहीं कोई परिभाषा,
आशा तो है पवित्र बालभाषा।

अध्याय12

टीवी और हम
जब थी हमारी शादी नई,
टीवी पे देखते थे हम सीरियल कोई,
जिसमे थी दिखाई,
दुल्हन भाग गई,
रात में जब सोया तो सपने में देखी,
मैंने मेरी सगाई,
चारों और बड़ी रौनक़ थी छाई,
बज रही थी शहनाई,
लेकिन
भाग गई मेरी लुगाई,
तोड़कर सगाई,
नींद ही खुल गई।

अध्याय13

जमाने की रीत

क्यों जमाने ने लगाई यह रित हैं?

हर चीज़ हर काम में लगाई हार जीत है।

जीतने वाला आसमान में उड़ता है,

हारने वाला तो बस तड़प तड़प के मरता है।

क्यों जमाने ने रंग से इंसान को भेद दिया?

रंग तो इंसान को भगवान ने है भेट दिया।

क्यों अमीर और गरीब में फर्क किया जाता है?

जब दोनों को मृत्यु के बाद जलाया ही तो जाता है।

अगर अमीर महंगे आयने निहारता है,

गरीब भी तो खून पसीना बहाता है।

अध्याय 14

शहरी जीवन
बस गए शहर में हो गए अकेले
यादों में रह गए हैं गाँव के मेले,

अपना सा लगता है अब ये शहर
लेकिन मन तो गया गाँव में ठहर,
खुश हूँ पाकर अच्छा खासा रोजगार
याद आता है वो घर वो दीवार,
माना नहीं गाँव में इतनी सुविधाएं
पर नहीं वहाँ शहर जैसी दुविधाएं,
शहर में हर चीज मिले
गाँव में जाकर मुस्कान खिले,
गाँव में होवे मुफ्त में मनोरंजन
शहर में तो बस आनन फानन।

अध्याय15

लाल जोड़े में

लाल जोड़े में सजी मेरे सामने आती है,
आखो को वो चिड़िया काफी रुलाती है,
बेटी तो मा बाप के सर का ताज है,
उड़ जाएगी आज इसलिए दिल उदास है,
मेरी गुड़िया का आज दिन खास है,
सदा खुश रखना उसे मेरी अरदास है।

अध्याय 16

पोले का त्योहार
आ रे आया पोले का त्योहार,
सजाएंगे बैलों को कर के श्रृंगार।
पहनाकर उन्हें रंगबिरंगी कपड़े
माला और शाल,
खिलाएंगे उन्हें
बाजारे की खिचड़ी संग पकवान चार।
आज किया जाए उनका आभार,
उतारकर आरती उनकी पांच बार।
उनके जैसा नहीं कोई कामगार,
किसानों का इकलौता आधार।
मत करो यारो उनका ब्यापार,
क्या पाएगा तू उनका कतल कर।
किसानो का है बैल सच्चा यार,
चाहते वो सिर्फ सम्मान और प्यार।

अध्याय17

जीवन साथी

रहती हो हमेशा साथ परछाई बनकर,
मुझे समझती हो मेरी दोस्त बनकर।
हर ख्वाहिश अपनी तूने वार दी मुझपर,
दुनिया से लढ़ जाती तू मेरी शेरनी बनकर।
मेरे लिए रखती हो व्रत खुद भूखा रहकर,
मानती हो मुझको खुदा परमेश्वर कहकर।
दिल भर आता है तेरा प्रेम देखकर,
समझता हूं सर्वश्रेष्ठ खुदको
मै तुझे पाकर।
क्या खूब तोहफा दिया खुदा ने,
तुझे मेरे नसीब में लिखकर।
हर जनम मे आना मेरी रानी बनकर ,
सवाराना मेरी ज़िन्दगी
मेरी हमराही बनकर।

अध्याय18

सीढ़ी

बन जा तू मेरी सीढ़ी,
मैं तुझे आसमा तक ले जाऊंगा,
बन जा तू मेरी चाँदनी,
मैं चंदा बन जाऊंगा,
बन जा तू रोशनी,
मैं सूरज बन जाऊंगा,
बन जा तू कलम मेरी,
मैं कहानी लिखूंगा,
हाँ कर दे तू मुझको,
तो तुझे दुनिया मैं घुमाऊंगा।

अध्याय 19

यादों की अलमारी
मुझे तो मोबाईल की गैलरी,
लगती है यादों की अलमारी,
जिसने संभाली हैं,
यादे ढ़ेर सारी,
कुछ तस्वीरें है अधमरी,
तो कुछ लगती है अभी तक हरी।
गैलरी दिखाती है कभी दिवाली और लोहड़ी ,
तो कभी रंगीन सी होली ,
कभी दिखलाती है परिवार संग बिताए पल,
तो कभी याद दिलाती यारी,
कभी बता देती वह कहानी हमारी तुम्हारी।
वह संभाले रखती है मेरी शायरी,
लगती है मुझे वह सब से प्यारी,
क्या खूब है उसकी कारागारी,
जिसने बनाई है मोबाईल में गैलरी,
मोबाइल तो लगता है स्वर्ग सा,
और गैलरी तो हो जैसे कोई परी।

अध्याय20

बेटियां

जिनके घर में बेटियां है
उनके आंगन में खुशियां है।
बेटे जरूर फूल होंगे,
बेटियां तो नाजुक सी कलियां है।
बेटे करते है फरमाइश ,
बेटियां सिर्फ करती नादानियां है।
बेटे होंगे शहजादे,
बेटियां तो बाबुल की परिया है।
बेटे होंगे महाराजा,
बेटियां तो रानियां है।
बेटे कमाते होंगे,
बेटियां पकाती रोटियां है।

अध्याय21

काले मेघ

ओ काले मेघ तुझे किस बात का है गुमान?
ख़ुद को तू क्यों समझ रहा भगवान?
तुझे क्या लगता है?
तू अकेला है कीर्तिमान।
मुझे भी बता ऐसा क्या हैं तेरे पास ?
जो तू ख़ुद को हमेशा समझता है गुणवान।
क्या तुझे इतना भी पता नहीं ?
अज्ञानी करते हैं गुणों का बखान।
एक बात तू भी समझ ले,
तुझ से कई आगे है विज्ञान।

अध्याय22

सर्दियों की धूप

सुनहरी सी लगती हैं सर्दियों की धूप,
पर न जाने कहाँ जाता हैं छुप।
बन जाता हैं बेरुख हर शख़्स,
चाहे कितना भी हो अभिरूप।
बदल जाती हैं आदतें,
सर्दियों के अनुरूप।
कम हो जाता हैं हर किसी का निखार,
और फिका पड़ जाता हैं हर रूप।
पायल को तो अच्छी लगती हैं,
सर्दियों के धूप की छुपा-छुप।

अध्याय23

अनकही बातें

कुछ अनकही बातें,
मुझे बहुत सताती हैं।
होले होले से मेरे पास आकर,
इस नादान दिल को रिझाती हैं।
तन्हाइयों में अक्सर,
मुझे रुलाती हैं।
कभी कभी मुझे ,
बेहद हँसाती हैं।
पल भर मुझे खूब हँसाकर,
जाने कहाँ भाग जाती हैं?
कभी दिन रात मेरे पास ठहर,
तेरी कहानियाँ भी सुनाती हैं।
ये अनकही बातों पे अक्सर
पायल ग़ज़ल लिख देती हैं।

अध्याय24

मिसाइल मैन - डॉ कलाम

श्रीमान डॉक्टर कलाम,
स्वीकार करो मेरा सलाम।
आप का चित्र बनाने का सोचा
पर कम पड़ रहा आसमान।
मेरे शब्द कम पड़ रहें हैं,
कैसे करू मैं बखान।
क्या क्या लिखूँ मैं,
कितने हासिल किए है आपने मकाम।
आप जैसी शख्सियत पाकर,
गर्व करता है हिंदुस्तान।

अध्याय25

गांधी बापू

मेरा बापू भी रोता होगा।

जब इंसानों का बदला बरताव देखता होगा।

मेरा बापू भी रोता होगा।

जब इंसानों की हैवानियत देखता होगा।

मेरा बापू भी रोता होगा।

जब स्त्री पर अत्याचार देखता होगा।

मेरा बापू भी रोता होगा।

जब एक लड़कियों के साथ नाइंसाफी देखता होगा।

मेरा बापू भी रोता होगा।

जब जब वह धरती पर झाकता होगा।

पुनर- जन्म लेने की उसकी चाह जरूर होगी।

पर दिल उसका भी घबराता होगा।

अध्याय26

स्वतंत्रता का मोल
नही कर पायेंगे स्वतंत्रता का मोल,
स्वतंत्रता तो है अनमोल।
कोण भला कैसे कर पाये स्वतंत्रता की नापतोल,
विरो ने जान गावकर भेट दी बहुमोल।

स्वतंत्र सेनानियो ने बनाकर टोल,
गुलामी से दीलाकर मुक्तता भरदी भारत मा की झोल।

आजाद भारत का तिरंगा
रहा हवा मे डोल,
मनायेंगे हम आझादी का जशण
गाकर गाणे बजाकर ढोल,
स्वतंत्रता तो हैं अनमोल।

अध्याय27

ख्वाबों की उंगली पकड़कर

ख्वाबों की उंगली पकड़कर घुम लिया करो,
जिम्मेदारी के बोझ से ख्वाबो को ना दफना करो,
अब ख्वाब देखणे की उमर नही,
ऐसे झुटे बहाने ना बनाया करो,
ख्वाबो की उंगली पकडके चला तो करो,
सारे ख्वाब हासील होंगे तुम्हारे
बस तुम थोडा प्रयास तो करो।

अध्याय28

माही का ख्वाब

माही ने एक ख़्वाब देखा था,
जगभर गूंजे नाम मेरा उस ने भी सोचा था।
क्रिकेट जगत में आकर उसने कितनों का दिल जीता था,
उथल पुथल हुए खेल को उसने हि सवारा था ।
हर बार हारने से उसने हि बचाया था,
अपनी कप्तानी में भारत को चैंपियंस ट्रॉफी का हकदार
बनाया था।
विश्व क्रिकेट कप रेकॉर्ड उसने हि बनाया था,
पद्मश्री,पद्मभूषण जैसा पुरस्कार भी पाया था,
अपने नाम का उसने
इतिहास रचा था।

अध्याय29

ए दिल
ये दिल भी बड़ा अजीब है ना,
कभी खुशी में रोता है,
गम में हसता है,
अंदर ही घुटता है,
हल्का सा टूटता है।
धीमी सी आह करता है,
होले होले जुड़ता है,
अपने से ज्यादा दूसरों को चाहता है,
बिखरता भी खुद ही है,
और खुद ही संभल जाता हैं।

अध्याय30

कलम के रिश्ते

हमने कभी न सोचा था
ऐसी भी फ़ैमिली मिल जाएगी,
रोज कुछ नया लिखवाएगी
कुछ अलग सिखाएगी,
हमारी लिखावट भी
पढ़ी जाएगी,
गलतियां करू
तो सुधारना समझाएगी
तारीफों कर हमारा
हौसला भी बढ़ाएगी,
अनदेखे अंजान लोगों संग
प्रीत जुड़ जाएगी,
अपनी कलम से हमें
यहां पहचान मिल जाएगी।

अध्याय31

दर्द ए दिल

इस दिल में दर्द बेशुमार हैं,

अब तो हमें प्यार शब्द से तिरस्कार हैं ।

हमनें भी उनके बदलने का किया इंतजार हैं,

पर उन्होंने गलतियों को दोहराया बार बार हैं।

मेरे दिल को चुभोया उनका व्यवहार हैं,

मेरे हर दर्द का वो कसूरवार हैं।

अब ये दिल निस्वार हैं,

खुद को बदलने का मेरा विचार हैं।

ना कोई था ना कोई हैं,

ये कल भी सच था और आज भी हैं।

अध्याय32

आप का सहारा

बुरे वक्त मे जब जमाने ने छोड दिया था साथ,

एक आपने हि थामा था हमारा हाथ।

आपने हि समझे हैं जज़्बात हमारे,

हम तो जी रहे आप ही के सहारे।

जब थी काली राते,

और चारों ओर छाए थे अंधेरे,

एक आपका ही आशीष था साथ हमारे,

आप के प्यार और दुआओ की बदौलत आज जीवन में

मिले हैं सुख के सवेरे।

अध्याय33

मेरे जज़्बात

YQ से जुड़कर,
एक राह मिली एक चाह मिली,
हर बार वाह वाह मिली।
दो पल के लिए कुछ समझा नहीं,
दो दिन बाद ऐसे लगा जैसे इससे हसीं और कुछ नहीं।
चाहती हूं YQ से जुड़ जाए
कई लेखक,
बन जाए YQ सबकी मोहब्ब्त,
आसमां से ऊंची हो pw की इमारत।
पुरस्कृत होती हूं तो दिल में जागती है फरहत,
लगता है मुझमें भी है काबिलियत।
यहां आकर बेहद अच्छा लगता है,
रोज लिखना आदत बन जाता है,
यहां हर उलझन को सुलझाया जाता है,
हाथ पकड़कर सिखाया जाता है।

अध्याय34

भरोसा

आसमान की चाह जरूर रखिए,
पर जमीं से रिश्ता बनाके तो रखिए,
उड़कर थक जाओ तो जमिं पे पाव रखिए,
आपका हर बोझ संभाल लेगी वो,
आप थोड़ा भरोसा तो रखिए।

अध्याय35

मेरा दिन

तुझसे ही हो शुरु मेरे रात दिन,
नहीं जी सकता अब यारा तुम बिन।
रह लिए अकेले बीते कितने दिन,
तेरे बिना जीवन तो लगता है हिन।
तू नहीं साथ तो लगता हूं में यातिम,
बंजर में जमीं तू बरखा रिमझिम।
दर्द भरे दिल की तू एक हकीम,
आजा अब लौटके यही ख्वाहिश अंतिम।

अध्याय36

खामोशी

अदाओं की मल्लिका वो,
जमीं पर उतारा कोई फरिश्ता है वो।
चाहता हूँ दिन रात मेरी महबूबा बन जाए ,
मेरे दिल से रिश्ता बनाले वो।
वैसे तो वो बहोत चुलबुली है ,
न जाने हमसे क्यों खफा रहती है वो।
मेरे दिल में हमेशा कश्मकश रहती है,
की मुझसे वफा करेगी क्या वो।

खामोशी से अपने मुझे परेशान करती है,
क्या कहूँ यारो कितना तडपाती है वो।
हमें तकलीफ देकर कैसे ख़ुश रहती है वो,
पता नहीं किस बात पर इतना इतराती है वो।

अध्याय37

इश्क़ की कूछ कहानियाँ
कुछ पुरी,
कुछ अधुरी,
कुछ बेरंग,
कुछ रंगीन,
कुछ दर्द भरी,
कुछ खीलखीलाती,
इश्क की कुछ कहानियां,
ना बया कर सके चंद पंक्तियां।

अध्याय38

एन एस एस

कुछ जाने पहचाने ,
तो कुछ अंजान,
कुछ लगते थे अपने से,
तो कुछ मेहमान
अजनबी लगने वाले भी
जान बन गए,
एनएसएस में सब मेरे खास बन गए।

अध्याय39

महामारी का दौर
जिंदगी के इतने साल गुजारे
नहीं देखा कोई साल ऐसा,
न जाने और क्या दिखलायेगा
आगे आयेगा दौर कैसा।

पता नहीं था धोनी भी निवृत्त होनेका फैसला सुनाएगा,
और रैना भी अब धोनी के साथ निवृत्त हो यूं दोस्ती
निभाएगा।
पता नहीं था पूरा बच्चन परिवार भी
कोरोना के चपेट में आयेगा,
परदे पर सुशांत को कोई नहीं देख पाएगा।
साजिद वाजिद का जोडा यू टूट जाएगा,
इरफान खान भी हमें छोड़ जाएगा,
ऋषि कपूर का निधन हो जाएगा,
राहत इंदौरी और जसराज जी का अब नाम रह जाएगा।
अब ये दिल कहा कुछ सह पाएगा,
लगता है जैसे सब ख़तम हो जाएगा।

अध्याय40

खिलौना

कभी खुद सजना,
तो कभी उसे सजाना।
उसे सिने से लगाके रोना,
रातभर यू पकड़ कर सोना।
कोई छीन ना ले इसलिए,
छुपा छुपा कर रखना।
तेरे साथ हसना,
खेल कूद करना।
उसे बगल में लिए,
सारा गाव घूमना।
नहीं रह पाती थी ,
में तेरे बिना।
छूट गया बचपन,
भूल गए खेलना।
बड़े होते हुए,
छूट गया खिलौना।

अध्याय41

किताबें

ख़्वाब दिखलाती है,
हौसला बढ़ाती है,
राह दिखाती है,
सहयोग करती है,
संभालती है,
साथीदार होंती है,
ज्ञान देती है,
ध्यान खींचती है,
लत लगाती है,
मित्र बनती है,
अच्छी सलाहकार ,सच्ची मददगार,
एक लेखक का पहला प्यार होती हैं किताबें।

अध्याय42

आज का समाज
तारीफें तो सारे करेंगे,
कुछ सच्चाई हम दिखलाएंगे,
समाज तो बस नाम का रह गया है,
असल में तो सब बिखर गया है,
कहने को Whatsapp facebook
पर बात कर लेते है,
सामने दिखते ही मुंह फेर लेते है,
रिश्तेदार तो इनके दुश्मन बन गए ,
उनका होना इनकी आखों को चुभोए,
अपने लिए बड़ा बंगला बनाते और,
अपने माँ-बाप को ये
वृद्धाश्रम में भेजते,
ख़ुद को समाज का हिस्सा बताते है,
हकीकत में कहाँ समाज से जुड़े रहते है,
असलियत छुपाकर,
दिखावा करते है।

अध्याय43

ग़ज़ल

ये ग़ज़ल तू इतनी कठिन क्यों है,

तुझे बनानेकी मेरी ख्वाहिश है।

कविताएं तो लिख लेती हूं,

ग़ज़ल बनानेकी कोशिश है।

ए ग़ज़ल अब जल्दी बन जा,

बस इतनीही गुजारिश है।

मानलिया मैने भी अब,

तुझसे सरल इंग्लिश है।

गलती हुई तो माफी मांगने

पायल ने झुकाया शीश है।

अध्याय44

विश्वास
हर नए पुराने रिश्ते का गहना है विश्वास,
बिन विश्वास के नही जुड़ता रिश्ता खास।

रख खुद पर विश्वास वह बढ़ाएगा उल्हास,
पार कर मुसीबतें होगी पूरी अभिलाष।
किसी के भावना का मत कर परिहास,
पाप चढ़ेगा सिर पर सजा देंगे गुरदास।

अध्याय45

अप्सरा
जैसे ही देखा उसका चेहरा,
दिल ने कहा ठहरो ना जरा।
इतनी खूबसूरत जैसे हो कोई अप्सरा,
कोई फरिश्ता जैसे जमीं पे उतरा।
मन झूम झूम गाए जशन ये बहारा,
पाना चाहे उसको ये दिल बंजारा।

अध्याय46

जीत के चाह में

जीत के चाह मे दौड़ रही हूँ,
हर दिन हर वक़्त मै
प्रयास कर रही हूँ,
हर अंधेरा पार कर चलना जानती हूँ,
उचाईयो को मै छूना चाहती हूँ,
बुलंदियां हासिल करना चाहती हूँ,
जमाने को दिखाना चाहती हूँ,
की मै आज की सशक्त नारी हूँ।

अध्याय47

सफर अभी अधूरा है
बहोत दूर तक जाना है,
मंजिल को पाना है,
सरल नहीं है राह
पर मुझे चलते जाना है,
चाहे घिर जाऊ कठिनाइयो से
डटके सामना करना है,
चाहे कितना भी खुरदरा हो रस्ता
मुझे तेजपार करना है,
आज ना सही कल तो पूरा करना है
मेरा सफर अधूरा है।

अध्याय48

तुटा हुआ ख्वाब
काटो से घिरा रहता है गुलाब,
पानी से भरा होता है तालाब,
न जाने क्यू मेरे साथ हुआ यूं,
मै जी रहा हूं पर टूटा हुआ है ख्वाब।

अध्याय49

डर

डर से हो जाती है बीमारियाँ,

बढ़ता है तनाव और बहता है पसीना,

पूरे शरीर में महसूस होती अजीब झनझनाहट,

और बढ़ जाती मन की चिड़चिड़ाहट,

साँस लेने में होए दिक्कत,

और तेज गति से बढ़े घबराहट,

डर से शुरू होती है नफ़रत,

डर जैसा नहीं कोई भाव विष्यारत,

डर तो है एक हीन भावना,

इसे कभी दिलों दिमाग़ में ना बसाना ।

अध्याय50

घर की चौखट
मेरा उसका नाता पुराना है,
मैं एक स्त्री और वो मेरे घर की चौखट है,
वही मेरी सबसे निकट है ,
अगर दर्द हो जाय मुझे,
तो वही सुनती आहट है,
उसे मुझसे अजीब सी,
उल्फ़त है,
मुझसे न हो कोई गफलत,
चौखट करे निजामत,
अगर कभी रहूँ अकेली,
तो करे वो मेरी हिफाज़त
मेरी इमारत की वो मोहब्बत है,
वो मेरे घर की चौखट है।

अध्याय51

इबादत

ए खुदा तुझ से है मेरी इबादत,
देना मुझे इतनी ताकत,
सामना कर मुसिबत का,
पुरी कर सकु हर चाहत।

देना मुझे इतना हौसला,
मेहनत को बनाऊ मे अपनी आदत।
करता रहूंगा मै काम,
ताकि बनी रहे बर सबकुछ दे दूंगा दान,
थोड़ा करूंगा बचत,
ताकि खड़ी हो सके मेरी छोटी सी इमारत।
डरता हूं कहीं हो ना जाए गफलत,
बनाए रखना तेरी रहमत
कर पाऊं पूरी बीवी बच्चो की जरूरत।
देना मुझे ऐसी शक्सियत,
कठिनाई को हराकर पालू नुसरत

अध्याय52

जालिम जमाना
कौन नहीं चाहता
खुलकर जीना,
खाना पीना और मस्त सोना,
जीना है शान से
तो पड़ेगा कमाना,
फोकट में यहा
ना मिले खिलोना,
बड़ा बेदर्द है
जालिम जमाना।